HISTORIAS DE MÉXICO ▼ *VOLUMEN IV/TOMO 2*

México colonial

El hipo de Inés

María Cristina Sacristán

Ilustraciones de Fabricio Vanden Broeck

FONDO DE CULTURA ECONÓMICA

MÉXICO

Coordinador general del proyecto
Daniel Goldin

Coordinador del periodo México precolombino
Pablo Escalante

Coordinador del periodo México colonial
Rodrigo Martínez

Coordinador del periodo México independiente
Carlos Illades

Coordinador del periodo México en el siglo XX
Ricardo Pérez Montfort

Diseño
Adriana Esteve y Rogelio H. Rangel

Cuidado editorial
Ernestina Loyo
Carlos Miranda

Primera edición: 2000

D.R. © 2000, Fondo de Cultura Económica
Carretera Picacho-Ajusco 227; 14200, México, D.F.
www.fce.com.mx
comentarios y sugerencias
correo electrónico: alaorilla@fce.com.mx
ISBN 968-16-5646-6 (colección)
ISBN 968-16-5625-3 (volumen IV)

Impreso en México
Tiro: 10 000 ejemplares

Índice

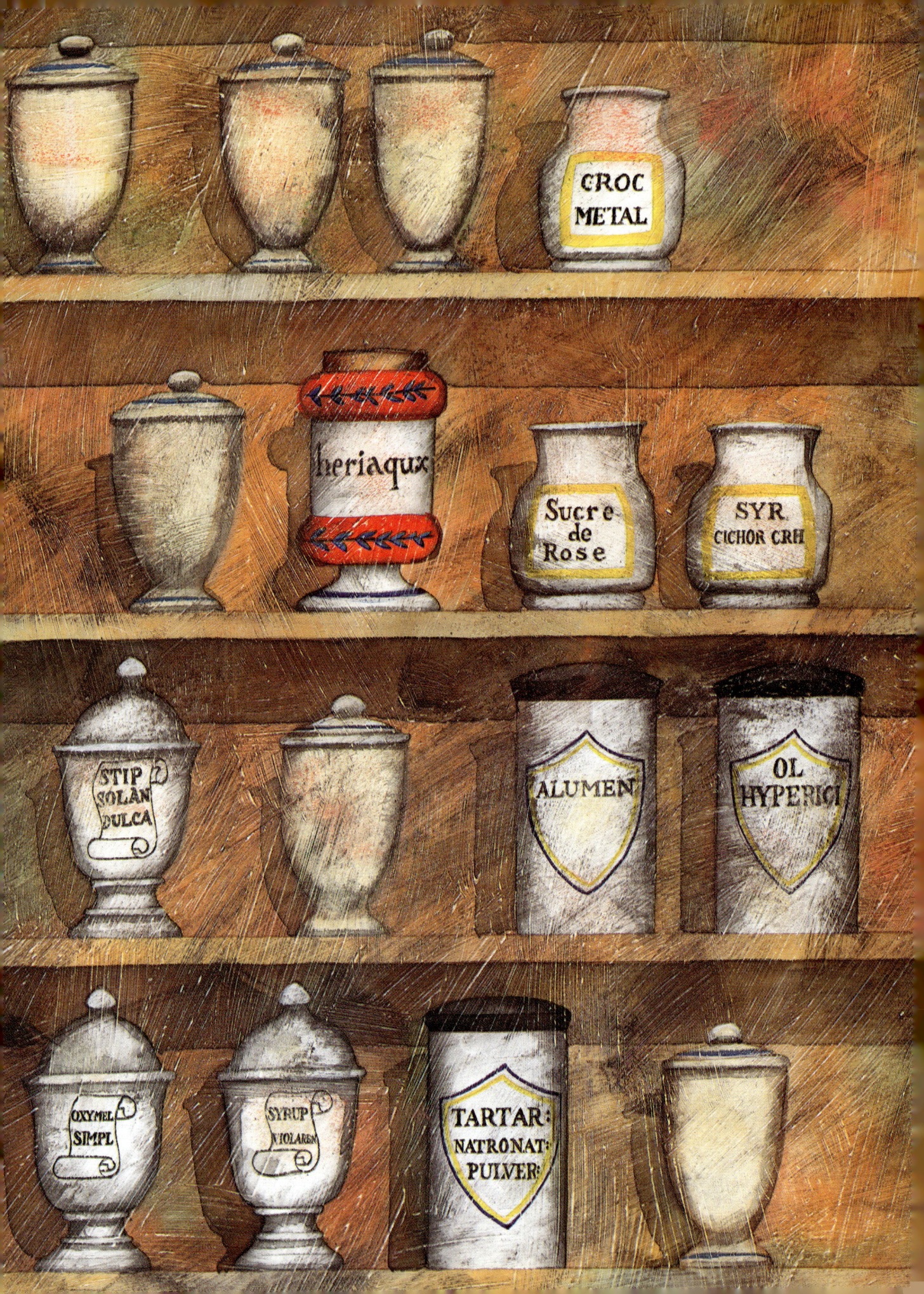

Introducción

A partir de la Conquista, casi todo el continente americano pasó a dominio del rey de España. Los habitantes de América fueron llamados "indios" debido a que cuando Cristóbal Colón llegó en 1492 a las islas antillanas, creyó que era la India, en Asia. Lo que hoy es México fue llamado "Nueva España" a causa del clima templado y algo frío del Altiplano, parecido al de España.

La invasión española hizo mucho daño a los americanos. Las guerras de conquista fueron terribles. Al no poder sembrar, muchos murieron de hambre. Los españoles robaron a los indios sus tesoros de oro, plata, piedras y plumas preciosas. Les quitaron sus mejores tierras. Los obligaron a trabajar en sus minas de oro y plata, en sus haciendas agrícolas y ganaderas, y en sus casas.

Con los españoles vinieron enfermedades infecciosas de Europa, Asia y África que no existían en nuestro continente. Los indios no tenían defensas contra ellas y millones enfermaron y murieron. La población de México disminuyó de alrededor de veinticinco millones *de personas en 1519, a sólo un millón a mediados del siglo XVII. Fue una tragedia enorme.*

Poco a poco, sin embargo, los indios, los españoles y los negros africanos traídos por los españoles, se fueron conociendo y relacionando. Nacieron cada vez más niños de sangre mezclada, llamados "mestizos" o "castas". Los cultivos de los indios se combinaron con los cultivos y el ganado de los españoles. Se mezclaron las costumbres, las formas de hablar, comer, curar, pensar. Nunca en la historia de México los cambios habían sido tan rápidos. Mucho de lo que hoy somos nació entonces.

En El hipo de Inés *de María Cristina Sacristán se ve cómo los españoles trajeron consigo su modo de vida, sus costumbres y creencias. Las niñas debían quedarse en casa, aprender a coser, cocinar y obedecer. Cuando Inés fingió tener hipo para no coser, un médico español le aplicó los más tremendos remedios de la época. El médico trabajaba en el hospital de los indios, que morían por miles debido al cocoliztli, la epidemia. Mientras, despreocupado, el padre de Inés apostaba sus indios esclavos jugando a la baraja.*

RODRIGO MARTÍNEZ

—¡*Otra vez a coser!* —*se quejó Inés, y sus hermosos ojos aceitunados* brillaron con la gracia de su infancia mientras sacudía su pelo trigueño y se revolvía en el asiento, presa de una repentina comezón en el ombligo—. Primero tejí la sobrecama, luego cosí las sábanas, después las fundas de seda para cojines, y ahora, bordar el mantel de lino. ¡Qué enfado! Pero dice mi señora madre que como algún día me casaré, debo estar preparada para ser una buena esposa.

—Pero sólo tienes siete años —le contestó su hermana María—. Cuando seas mayor te darás cuenta que el matrimonio es preferible al convento. El destino de las mujeres honestas es el matrimonio o el convento. Nos esperan en la sala del *estrado;* ya llegó la tía Luisa.

—Además de coser, aguantar a las visitas.

—No te enojes —sentenció Leonor, la her-

mana mayor—. Ahí viene Pascuala con las tazas de chocolate humeante para la merienda.

"Se me tiene que ocurrir algo", pensó Inés. "Quisiera salir al columpio un rato y no pasarme la tarde cosiendo con mis hermanas, como siempre. Si no fuera por ese chocolate con anís y canela..."

Así que esa tarde, mientras cosía, Inés urdió la manera de librarse de la engorrosa faena, siquiera por unos días.

"Mañana, después de comer, fingiré que estoy enferma", se dijo. "Pero, ¿de qué? Puede venir el viejo don Gaspar, ese médico tan estricto, y le dirá

a mi madre: 'Señora Valderrama, su hija tendrá que guardar reposo', y eso sí que no. Si escapo del tejido, no será para meterme en la cama."

La mentira

Todo transcurrió con normalidad la mañana siguiente. Como siempre, Inés recibió en su casa las clases de lectura y escritura de don Damián, y las de violín del maestro Dimas. A las doce, hora del almuerzo, se sentó a la mesa. Más tarde, luego de la siesta acostumbrada, al levantarse, su madre fue la primera en notarle algo extraño.

—Pero, hija, ¿qué es lo que tienes?

—Pues... yo... ¡hip! Me ha dado hipo y no se me quita, madre —contestó Inés entrecortando cada frase.

—Ya se te pasará, ve con tus hermanas —ordenó doña Catarina.

Inés se dirigió hacia donde tantas veces sus pasos la habían llevado en otras tardes de invierno, pero esta vez decidida a no coser.

> El chocolate es una pasta de granos de cacao tostados y molidos. El origen del chocolate procesado parece encontrarse entre los olmecas de las tierras bajas del sur de México unos tres mil años antes. Los antiguos mexicanos lo disolvían en agua y lo vertían de un recipiente a otro para producir la espuma que era considerada la parte más sabrosa de la bebida. El cacao no existía en el Viejo Mundo, y los europeos que vinieron a México lo tomaban con azúcar de caña, canela, anís y pimienta negra. Los europeos introdujeron el uso del molinillo. El chocolate pronto se hizo indispensable en la dieta europea de los grupos más adinerados. Durante los tres siglos del dominio colonial, granos de cacao llenaron cientos de barcos que zarpaban del puerto de Veracruz rumbo a España.

Al poco rato de haber comenzado la labor de costura, su continuo ¡hip! le provocó que se picara los dedos con la aguja y manchó la tela con sangre.

—¡El lino que mamá trajo del mercado! ¡Lo que habrá costado, Inés! Deja ya ese hipo —le gritó su hermana María.

—Ya lo he ¡hip!... intentado, pero no se me quita —replicó Inés.

—Te voy a tapar la boca y la nariz para que no respires —dijo Leonor.

Antes de que Inés pudiera reaccionar, María y Leonor se subieron sobre ella y le taparon la cara con un cojín. Por más que luchaba, la pobre Inés se estaba asfixiando. Su madre les llamó la atención, le pareció que ese método para quitar el hipo no era propio de unas señoritas.

—Déjenla, necesita que le aprieten más el *corsé* para que su estómago no tenga ningún movimiento —dijo doña Catarina, y envió a Inés a su habitación.

Al poco rato, moviéndose con mucho esfuerzo, regresó Inés con el corsé bien apretado, que parecía provocarle más dolor, además de que volvió a sentir aquella extraña comezón en el ombligo. Todos en casa opinaron algo.

—La niña tiene mala digestión —señaló la tía Luisa—. Que no tome chocolate. Pascuala lo bate para adelgazarlo y levanta mucha espuma. Inés se llenará el estómago de aire, y si se le sube al corazón le causará terribles tristezas.

Pascuala, una mujer regordeta de piel cobriza y mirada triste que se en-

cargaba de cocinar, sabía que el gran placer diario de Inés era tomar chocolate a las siete de la mañana y a las cinco de la tarde, por lo que intervino en su favor:

—Si usted me da licencia, le traigo una jícara de la plaza. Como las indias le ponen atole de maíz, no hace espuma.

Pero nadie le prestó atención y prosiguieron conversando así:

—Le tengo dicho a Inés —agregó su hermana María— que no debe correr por las mañanas camino de la iglesia y hoy lo hizo. No me extraña que le haya dado hipo.

Cada ¡hip! era motivo de nuevas discusiones y, aunque Inés trataba de disimular, a veces dejaba escapar alguna risita.

—Si mañana amaneces igual, Pedro irá a buscar al médico —concluyó doña Catarina— y a ver quién se ríe.

Al oír que se mencionaba al doctor, Inés masculló, en voz baja, para sí.

—Más vale que me cuide de ese viejo matasanos. La última vez me hizo tomar un brebaje repugnante con un olor nauseabundo.

Para su satisfacción, aquel día no cosió. Los incómodos brinquitos del continuo ¡hip! ¡hip!

le impedían meter y sacar la aguja por los hoyitos apropiados. Además, hacía tanto ruido que interrumpía la devota lectura que su mamá hacía en voz alta mientras las hermanas bordaban. Lo malo fue que no pudo saborear su chocolate de las cinco.

Don Gaspar

Al día siguiente, lo primero que escuchó doña Catarina fue el zumbido de un colibrí que batía sus alas entre las flores; lo segundo, el ¡hip! de Inés.

—Ese hipo me está preocupando —dijo entre dientes la mamá—. Pedro, vaya a casa de don Gaspar y entregue este recado... Ya sabe, en la calle Real.

Antes del almuerzo, llegó el médico. Bajó de su mula, la cual dejó atada a una de las argollas que colgaban de la fachada de la casa, y golpeó la puerta. Pedro, el mozo, que alimentaba a los animales del corral, dejó su labor y fue a recibir a don Gaspar, que ya no le parecía tan extraño como la primera vez que lo vio. A veces el médico hablaba en latín para que nadie pudiera entenderlo; los anillos de piedras brillantes que envolvían sus dedos parecían hacer crecer sus manos. Además, pensaba Pedro, debía gastar mucho dinero en esos llamativos trajes de tipo español: *jubón* de tela parda, *calzas* ceñidas, medias a las rodillas y capa de amplios pliegues que le caía desde los hombros hasta los talones; tampoco le faltaban unos guantes y el gorro.

El doctor pasó a un bello patio donde estaba un pozo y, junto a él, una higuera. Subió por unas escaleras y llegó hasta la sala. La madre de Inés lo recibió:

> En náhuatl, *cocoliztli* significa enfermedad o pestilencia. Con la llegada de los españoles también llegaron enfermedades desconocidas. Miles de indios murieron en las grandes epidemias de 1520, 1531, 1545-1548, 1576-1581 y las siguientes.
>
> Tal vez el mito del coco, personaje terrible y feo con el que se asusta a los niños, provenga de las antiguas madres y nodrizas nahuas, que vieron al cocoliztli llevarse tantísimos niños.
>
> Hernán Cortés fundó en la recién conquistada ciudad de México el Hospital de la Concepción (el Hospital de Jesús que aún presta servicios).

—Buenos días, don Gaspar.

—Buenos días nos dé Dios —saludó el médico—. Me he tardado porque vengo del *Hospital Real de San José de los Naturales*. La epidemia de cocoliztli está cobrando muchas vidas desde agosto, sobre todo de niños y de indios.

—Y no parece que vaya a disminuir, ya está afectando a españoles también —contestó con preocupación doña Catarina.

—En la enfermedad y en la muerte todos somos iguales —repuso don Gaspar—. Pero, dígame, ¿para qué fui llamado?

—Inés tiene hipo y no se lo hemos podido quitar. Le di unos polvos fuertes

para hacerla estornudar, se ajustó el corsé y también mascó anís, pero no hay manera de quitárselo.

—Hizo bien en avisarme. El hipo es un movimiento natural del cuerpo para expulsar lo que hace daño, pero si se produce de calentura o de exceso de sangre puede llevar a la muerte —explicó el doctor.

—¡Cristo de la divina llaga, líbranos! —exclamó asustada doña Catarina.

—¿Desde cuándo tiene hipo? —preguntó el doctor.

—Desde ayer, justo cuando íbamos a empezar a coser. No pudo terminar su labor de costura. Como si la hubiera hecho saltando "a la patacoja" —apuntó doña Catarina.

—¿Ha tenido vómitos, falta de apetito, sed?

—En ningún momento. Me parece muy extraño su hipo: come mucho, duerme bastante. Incluso jugó a la gallina ciega con sus hermanas —dijo desconcertada doña Catarina—; pero pase usted a su recámara y saldremos de dudas.

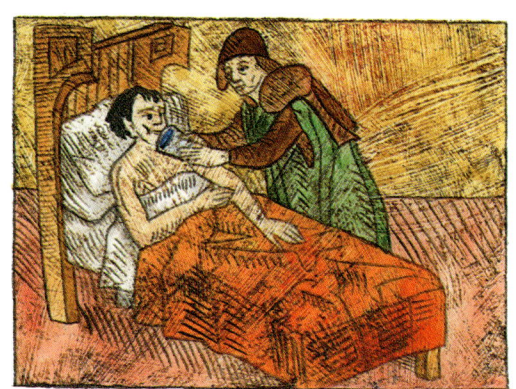

El empacho

"Ya llegó este cascarrabias", pensó Inés, "de cuatro que cura, mata a veinte. A ver qué se me ocurre".

—¡Qué mal ¡hip!... me siento! No se lo puede usted imaginar —le dijo a don Gaspar en tono melindroso—. Creo que se me va a salir el corazón de un ¡hip! Haga usted algo...

—Veremos qué se puede hacer. Lo primero es el *pulso;* dame la mano izquierda —pidió con voz grave el doctor—. Los latidos son intermitentes y rítmicos, indicio de buena salud —continuó don Gaspar, para sí—. Entonces ha de tener fiebre porque este síntoma se encuentra en casi todas las enfermedades. No me cabe la menor duda.

Pero don Gaspar erró en su pronóstico. La temperatura de Inés era normal.

—Abre la boca y saca la lengua —exigió el doctor, y al no ver nada raro pidió ver la orina de Inés, que estaba aún en el *bacín* debajo de la cama.

—Tiene color claro... no hay que temer por el hígado —aseguró satisfecho don Gaspar.

Intrigado por el continuo ¡hip!, ¡hip! y un poco nervioso por la mirada acechante de doña Catarina, que esperaba ansiosa una respuesta, le dijo con ánimo de convencerla:

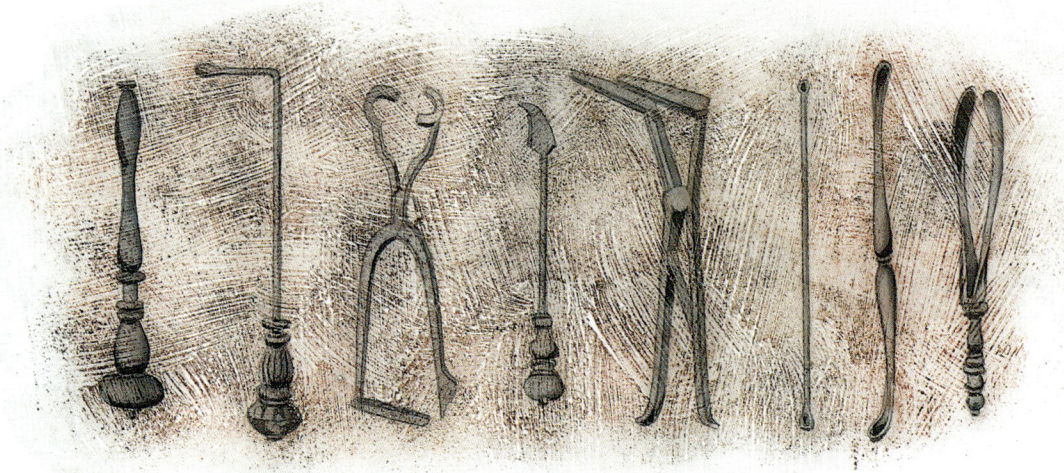

—Ya sabe usted que el mayor poder de curación se encuentra en uno mismo. La naturaleza es sabia y obra por sí. Sin embargo, no estará de más ayudarla. Inés está empachada, de eso estoy cierto —afirmó don Gaspar de manera contundente.

—Pues no se ha quejado de dolor —replicó incrédula doña Catarina—. Pero si usted lo dice...

Durante el siglo XVI la medicina europea estaba basada en la teoría de que los cuerpos vivos están compuestos y se nutren de cuatro líquidos llamados "humores": la bilis amarilla, la bilis negra, la sangre y la flema.

Si alguno de estos humores se encontraba en el cuerpo en exceso, en relación con los otros humores, se perdía la armonía, momento en el cual se producía la enfermedad.

La salud del cuerpo se restablecía extirpando el mal humor, esto es, el exceso de alguno de ellos.

—Le aseguro que es *empacho* —dijo alzando la voz para aparentar seguridad—. ¿Qué almorzó el día de ayer?

—Ligero, como siempre: cuatro empanadas de guajolote con almendras, dos tamales de pescado, dulce de leche y cajeta de mamey. Me parece que también unos higos... —contestó la mamá de Inés.

—Cualquier día nos va a matar la *gula,* doña Catarina —dijo en tono severo don Gaspar—. A Inés se le ha de provocar el vómito para que expulse el mal humor.

Cuando Inés escuchó que el médico ordenaba untar aceite en unas plumas y metérselas en la boca, raspándole la garganta, se quedó petrificada. Pero después de pensarlo unos momentos salió corriendo de la habitación tan rápido como pudo, por lo que no alcanzó a escuchar a don

Gaspar recomendar a doña Catarina el uso de uno de esos repugnantes bebedizos que tanto odiaba.

—Si el hipo persiste, se la ha de *purgar:* pone usted a cocer en agua dos *onzas* de *zarzaparrilla,* una de madera de *guayaco* y un manojo de raíces de apio y perejil; cuela todo ello y se le echa azúcar y miel blanca. Lo vuelve a cocer hasta que espume y de esto le da a tomar una *escudilla*.

—La tendré que amarrar, porque no se deja —replicó la mamá de Inés.

—¡Pues le pega con esas varas, que sirvan de algo! —contestó irritado el doctor.

—Pascuala, ¡tráigase a la niña Inés y póngase a preparar este cocimiento! —gritó doña Catarina. Luego se dirigió al doctor—: Disculpe usted, don Gaspar, ¿no le parecen demasiadas medicinas por un poco de hipo? Sobre todo considerando que la naturaleza es sabia.

—Usted haga como yo le digo. El hipo puede ser síntoma de fiebre maligna.

—No se hable más, don Gaspar, se hará como usted diga —convino resignada la mamá de Inés.

—¡Pero cómo no lo pensé antes! —exclamó de repente el médico—. En estos casos, lo más conveniente es un *emplasto:* se muele un manojo de hojas de rábano y otro de yerbabuena, se mezcla con manteca de vaca y aceite de comer. Todo junto se cuece con sal. Se echa luego un poco de vinagre donde previamente se le haya deshecho medio huevo. Se pone este ungüento sobre una tela y bien caliente se pondrá sobre el vientre de Inés por la mañana y por la noche. Con el calor empezará a sudar y acabará por expulsar el mal humor.

El padre

Entre tanto, Pascuala buscaba a Inés por toda la casa.

—No está en la alacena de la cocina, ni debajo de la escalera, tampoco en el pajar. Por la ventana no puede saltar porque está enrejada —dijo pensativa.

De repente se escuchó una voz ensordecedora.

—¿Qué hace esta niña aquí, Catarina? ¡Por las tripas de san Pedro!

Era el padre de Inés, que llevaba varios días encerrado en una habitación con sus amigos, bebiendo, comiendo y jugando dados y naipes. Por supuesto que ignoraba todo acerca de la visita del médico y del hipo de Inés, porque casi nunca veía a sus hijas. Por error, Inés había entrado en esa habitación cuando huía del médico. Muerta de miedo, regresó a la suya porque sabía que eran preferibles los bebedizos, purgantes,

quauhtuilizih Eloxochitl.
Bilxochitl.

24

vomitivos y ungüentos de don Gaspar a los azotes de su padre. Más de una vez le había sangrado el trasero. La madre de Inés acudió veloz para tranquilizar a su marido.

—Descuide, don Hernando, no volverá a pasar. Ya he pedido que le suban más vino de la bodega. Inés recibirá el castigo que merece —dijo con voz trémula doña Catarina.

Toda la energía que la señora Valderrama mostraba con sus hijas se desvanecía ante la presencia de su marido, más aún si éste se encontraba aturdido por la bebida.

—¡Estoy apostando más de cincuenta indios, y va en ello mi honra! —exclamó don Hernando exasperado, al tiempo que cerraba la puerta de una patada.

Doña Catarina, que no había osado levantar la vista del suelo en señal de sumisión, se volvió enfurecida hacia la causante de este altercado.

—¿Qué hacías en la habitación de tu padre? —le gritó a Inés—. Sabes que cuando juega no quiere ver a nadie.

Pese a la ferocidad que despedían los ojos de su madre, Inés, agachando la cabeza, alcanzó a balbucear:

—Estaba buscando un lugar para esconderme porque no me gustan las recetas de don Gaspar... Me asusté tanto al ver al señor mi padre que hasta el hipo se me quitó. Ya no las necesito. Me voy a coser.

—Mereces un castigo y lo tendrás —sentenció doña Catarina.

Las sanguijuelas

Mientras aconteció lo anterior, el médico había permanecido en la recámara de Inés.

—Don Gaspar, ya puede usted retirarse. Disculpe este escándalo —manifestó avergonzada doña Catarina.

—Si me permite un consejo, creo que Inés nos ha estado engañando —dijo el doctor, quien por haber estudiado en la Universidad de Salamanca se consideraba a sí mismo una eminencia capaz de descubrir charlatanerías de otros médicos e incluso de sus pacientes—. Lo del hipo fue una treta para no coser con sus hermanas.

—Yo también me lo sospechaba. Creo que la niña se merece una buena lección —contestó doña Catarina.

—Por mi experiencia puedo asegurarle que los niños odian las *sangrías.* Le aplicaremos una a Inés, con sanguijuelas para que no sangre mucho. Usted siga el cuento y todo saldrá bien —agregó don Gaspar con ojos de un brillo vengativo, y mandó que llamaran al mozo de la casa, a quien despachó en voz baja.

Más tarde llegó a la casa un barbero que, además de afeitar, cortaba el pelo y sacaba muelas. Traía un frasco de vidrio lleno de agua donde se movían sin parar unos gusanillos de color oscuro.

—Las sanguijuelas están muy hambrientas, don Gaspar; sólo así chupan bien la sangre y no se tardan. ¿Quién es el enfermo? —preguntó el barbero.

En ese momento llegó Inés, a quien traían por la fuerza Pascuala y Pedro,

secundados por una india que vendía comales de barro por las calles. Pascuala le había permitido entrar a la cocina para ofrecérselos.

—No está enferma —dijo resuelto el médico, que a Inés le pareció el ser más despreciable del mundo—, pero las sangrías siempre aprovechan para la enfermedad venidera, igual que se come para no tener hambre; y más hoy que es luna llena. Los astros nos favorecen.

Inés fue amarrada a su cama. El barbero le descubrió el brazo y lo metió en agua caliente. Después lo refregó hasta que las venas se hicieron visibles. Cuatro dedos arriba de donde la iba a sangrar, le amarró una correa de piel. Luego pidió que le trajeran de la cocina un poco de sangre de alguna gallina que acabaran de matar y se la untó en el brazo para que las sanguijuelas se pegaran con facilidad, atraídas por el olor. Por medio de un carrizo fue metiendo una a una las que traía en su vidrio; entonces comenzaron a chupar la sangre

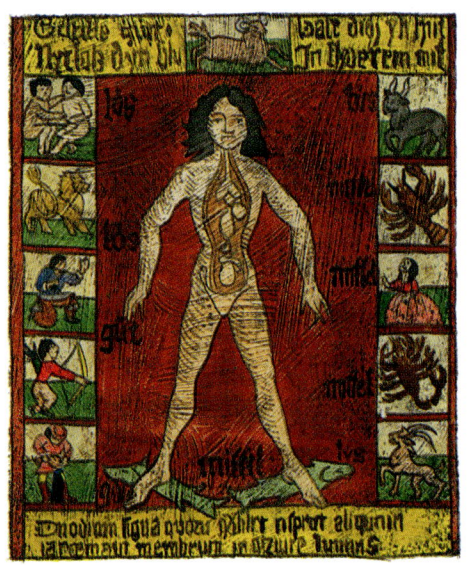

de Inés, quien se cansó de gritar inútilmente porque las sanguijuelas no se desprendieron hasta que, hinchadas, cayeron al suelo.

Esta escena fue observada por la india vendedora de comales. Acaso fuera la primera vez que veía una sangría porque, intrigada, le preguntó a Pascuala qué estaba sucediendo.

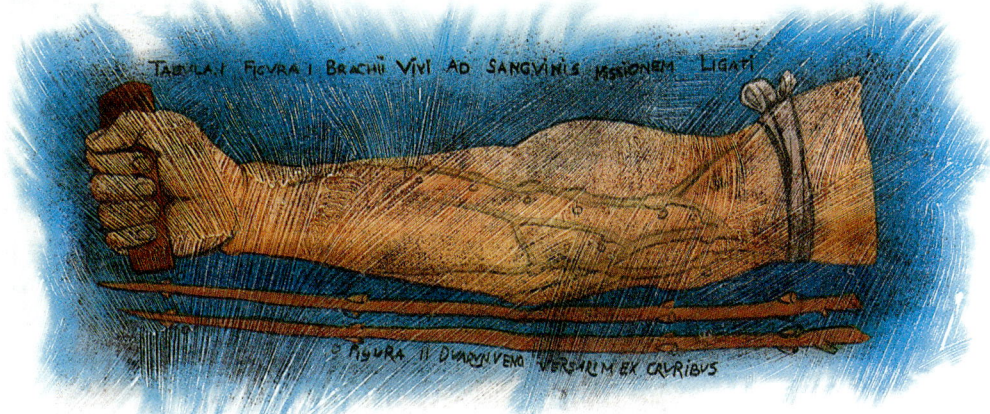

—La niña Inés inventó que tenía hipo porque no le gusta coser por las tardes con sus hermanas —explicó Pascuala—. El médico descubrió el engaño y decidió sangrarla.

—¿No le gusta coser? —interrogó sorprendida la india—. ¿Pues qué no enterraron su *ombligo* cerca del fogón?

—¿El ombligo? ¿Para qué? —preguntó Pascuala, llena de curiosidad.

—Si el niño nace varón, el ombligo se entrega a los soldados para que lo entierren en el lugar donde se dan las batallas —contestó la india—; así, cuando crezca será aficionado a la guerra. El de la niña se entierra cerca del fogón, para que le guste estar en casa y hacer de comer.

Aunque estaba un poco mareada por la pérdida de sangre, Inés pudo escuchar esta conversación y comprendió entonces por qué odiaba tanto coser. Se sintió liberada de culpa al pensar que su madre no había puesto su ombligo en el sitio adecuado y, pensando que tal vez no era tarde para reparar el daño, preguntó:

—Madre, ¿dónde guardaste mi ombligo?

LAGVNA DE

S XPOBAL

LAGV
NA
DE ZVM
PANGO

LAGVNA

DE N

CIVDAD

OCÉANO
PACÍFICO

GOLFO
Ð
MEXICO

Glosario

bacín: vasija de barro que sirve para depositar los excrementos del cuerpo humano.

calzas: prenda de vestir que cubre los muslos.

corsé: prenda interior que usaban las mujeres para ajustarse el cuerpo.

empacho: mala digestión.

emplasto: preparado que se debe adherir a una parte del cuerpo un tiempo para curar algún malestar.

escudilla: vasija o plato hondo que se usaba para servir el caldo.

estrado: lugar donde las mujeres recibían las visitas. Funcionaba también como sala de costura. El piso se encontraba lleno de cojines sobre los cuales se sentaban las mujeres a coser.

guayaco: árbol de América que alcanza gran altura.

gula: comer y beber con exceso y de manera desordenada. Era considerada un pecado.

Hospital Real de San José de los Naturales: este hospital se fundó en la ciudad de México en 1531 para la asistencia de los indios.

jubón: vestidura que cubre desde los hombros hasta la cintura, ajustada al cuerpo.

ombligo: por ombligo debe entenderse, en este caso, el cordón umbilical.

onza: medida de peso, equivalente a la dieciseisava parte de una libra, esto es, a 287 decigramos.

pulso: latido de las arterias que se siente en varias partes del cuerpo, especialmente en la muñeca.

purgar: tomar algún medicamento para descargar el vientre.

sangría: extracción de una pequeña cantidad de sangre de algunas venas; se hacía con fines curativos.

zarzaparrilla: bebida hecha con el cocimiento de la raíz de este arbusto.

Cronología

1520. Llega a México de las Antillas una epidemia de viruela *(hueyzáhuatl)*, que mata a muchísimos indios. Fue una gran ayuda para los españoles en la Conquista.

1524. Hernán Cortés fundó en la ciudad de México el Hospital de la Concepción, después llamado de Jesús, que aún hoy funciona.

1531-1532. Terrible epidemia de sarampión *(tepitonzáhuatl)* en toda la Nueva España.

Década de 1530. Varias epidemias hacen estragos en las húmedas y calurosas costas.

1535-1550. Don Antonio de Mendoza, primer virrey de la Nueva España.

1545-1548. Epidemia muy mortífera afecta a los indios de toda la Nueva España, sobre todo en las tierras bajas.

1550-1564. Don Luis de Velasco, segundo virrey de la Nueva España.

1576-1581. Gran epidemia *(matlazáhuatl)* afecta a los indios de toda la Nueva España.

Coordinador general del proyecto
Daniel Goldin

Coordinador de México precolombino
Pablo Escalante

Coordinador de México colonial
Rodrigo Martínez

Coordinador de México independiente
Carlos Illades

Coordinador de México en el siglo XX
Ricardo Pérez Montfort

Diseño
Adriana Esteve y Rogelio H. Rangel

Cuidado editorial
Ernestina Loyo
Carlos Miranda

Primera edición: 2000

D.R. © 2000, FONDO DE CULTURA ECONÓMICA
Carretera Picacho-Ajusco 227; 14200, México, D.F.

www.fce.com.mx
comentarios y sugerencias: alaorilla@fce.com.mx

ISBN 968-16-5646-6 (colección)
ISBN 968-16-5625-3 (volumen IV)

Impreso en México
Tiro: 10 000 ejemplares

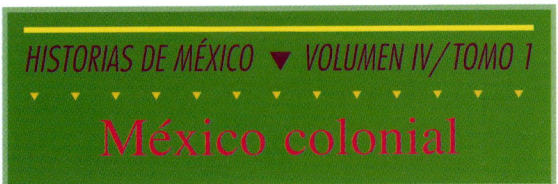

HISTORIAS DE MÉXICO ▼ VOLUMEN IV/TOMO 1
México colonial

Juan Cuauhtli, Juan Águila

Antonio Rubial
Ilustraciones de Fabricio Vanden Broeck

FONDO DE CULTURA ECONÓMICA
MÉXICO

Índice

Introducción

La época colonial de la historia de México empezó hace casi cinco siglos, en 1521, cuando cayó Mexico-Tenochtitlan, y duró tres siglos justos, trescientos años, porque en 1821 triunfó la revolución de Independencia que nos separó de España, con lo que nació México como país.

Los españoles no sólo querían enriquecerse a costa de los indios, también querían controlar su manera de pensar y de vivir: les prohibieron tener su propia religión, con sus fiestas y ceremonias, y los obligaron a creer sólo en la religión cristiana, la "única verdadera", pues los dioses de los indios eran supuestamente "demonios". De Europa vinieron frailes a cristianizar a los indios y a destruir sus templos e imágenes religiosas.

Para explicarles las ideas centrales del cristianismo y la manera de rezar, los frailes aprendieron las lenguas más importantes que aquí se hablaban: náhuatl, maya, zapoteco, mixteco,

purépecha, otomí, matlatzinca, entre otras. Pero los frailes eran muy pocos y los indios, millones. Por eso, en sus conventos y colegios, los frailes educaron primero a los hijos de los indios nobles y gobernadores de los pueblos. Estos niños entendían mejor que sus padres la religión cristiana. Aprendieron rápidamente a hablar, leer y escribir en español, así como las técnicas, artes y costumbres europeas. Muchos de estos niños al crecer se volvieron gobernadores de sus pueblos. Con su autoridad y ejemplo ayudaron a cristianizar y a "europeizar" a su gente.

No obstante, algunos de los alumnos indios sintieron que no podían abandonar a sus dioses, dadores de vida. Y los frailes castigaron con rudeza a los indios que descubrían practicando la religión antigua. Ésta es la historia de intolerancia que nos cuenta Antonio Rubial García, sobre la amistad de dos jóvenes nahuas cristianizados: Juan Cuauhtli y don Carlos Ometochtli.

RODRIGO MARTÍNEZ

Carlos Ometochtli lanzó la pelota de caucho *con el hombro* hacia Juan Cuauhtli. Éste la golpeó fuertemente con la cadera hacia el aro de ramas colocado cerca de los arcos de entrada del *atrio.* La bola entró por el aro y los muchachos del equipo gritaron de júbilo, mientras uno de los contrarios tomaba la pelota y se echaba a correr con ella. Detrás de él se lanzaron todos aullando, lo alcanzaron y le cayeron encima, derribándolo al suelo. Juan y Carlos, llenos de tierra, se separaron del grupo, y abrazados y riendo, caminaron hacia la iglesia. En ese momento el sonido agudo de una campanilla les avisó que había terminado la hora del recreo y debían regresar a clases.

Juan y Carlos estudiaban desde hacía un año en la escuela fundada en Tezcoco por fray Pedro de Gante. En ella los religiosos franciscanos habían reunido a numerosos

niños indígenas, hijos de los señores más importantes de la región, y los educaban para que en el futuro gobernaran sus comunidades y ayudaran a los frailes a enseñar la religión cristiana a los indios. Aunque los dos niños sabían que sus estudios en el colegio serían para ellos muy provechosos, a ninguno le agradaba estar encerrado. A los dos les gustaba el aire libre, nadar en las orillas del lago, pescar *ajolotes* y volar papalotes corriendo por los campos. Pero en el convento sólo había muros, arcos y patios cerrados. A los niños les gustaba correr, nadar y brincar, y en la escuela tenían que estar sentados aprendiendo a leer, a escribir, a cantar y a hablar en castellano.

Pero en la escuela no todo era estudio. Juan y Carlos jugaban y charlaban en los recreos y, además de las clases, cantaban en el coro durante las misas y aprendían a tocar instrumentos musicales. A Juan le gustaba la flauta, que llegó a dominar con gran maestría, mientras que Carlos disfrutaba golpeando los tambores indígenas llamados *huéhuetl* y *teponaztli*. Era igualmente divertido dibujar plantas, animales y personas que co-

piaban de los hermosos libros que tenían los frailes. Los muchachos
pintaban en grandes cartelones
escenas de la creación del mundo y de los diez mandamientos
que después servirían para enseñar, el domingo, a la gente en el atrio. A
menudo, mientras ellos trazaban las líneas e iluminaban las figuras, el
fraile que les enseñaba les preguntaba cómo se decía en la lengua náhuatl
tal o cual palabra y la escribía en su cuaderno para no olvidarla.

Entre todas las actividades que se realizaban fuera de los salones de
clase, la más divertida era la de la preparación de las obras de teatro. Los
frailes organizaban estas representaciones para celebrar las fiestas religiosas y para enseñar el cristianismo a los indios. Los alumnos ayudaban a los religiosos en la preparación de esas piezas teatrales llamadas
autos sacramentales: les decían a los actores indios dónde se debían parar y les ayudaban a memorizar lo que debían decir. Ayudaban también
a poner la *escenografía* y a elegir los *vestuarios,* y a menudo actuaban.
A Juan las obras que más le gustaban eran las pastorelas, que se hacían en la
fiesta de Navidad; a Carlos, las que trataban sobre el paraíso terrenal.

Y fue precisamente un día en que se representaba la Creación y la Caída de Adán y Eva, cuando algo muy especial les sucedió a los dos amigos. Desde hacía varios días se habían dedicado a hacer la escenografía en el atrio de la iglesia y los muchachos habían traído muchas ramas de pino del monte para construir un espacio que *recreara* el paraíso terrenal. Juan y Carlos, que para estas fechas llevaban ya cinco años en el colegio y eran de los muchachos más grandes que había en él, fueron los encargados de organizar todo. Consiguieron algunos animales domésticos que ataron a los árboles con correas, y algunos pajarillos que metieron en

jaulas de varas colgadas de las ramas. Aunque hubo algunos problemas pues los perros comenzaron a corretear a los gatos, y éstos a su vez trataron de comerse a los pájaros. Por fin todo se arregló, y el paraíso con sus árboles y animales estuvo acabado para el día previsto. Carlos, por ser uno de los alumnos más importantes del colegio, pues era hermano de Ixtlilxóchitl, señor de Tezcoco, y descendiente del rey Nezahualcóyotl, fue el elegido para representar a Adán, y a una hermana suya, que se educaba en la escuela de las niñas, se le encargó el papel de Eva.

En lengua náhuatl, la x se pronuncia como la *sh* inglesa: México, Tlaxiaco, *axólotl*. La *ll* de *citlalli*, estrella, se pronuncia como en italiano, *stella*, como una *l* prolongada. Salvo los vocativos, todas las palabras nahuas son agudas o llanas, esto es, se acentúan en la penúltima sílaba, como Tezcoco, Quechólac, Tlatelolco o Mexico-Tenochtitlan.

La lengua náhuatl, o mexicana, era y sigue siendo la lengua india más hablada en Mesoamérica. Aun entre pueblos que hablaban otras lenguas, el náhuatl funcionaba como "lengua franca" para la comunicación con extraños.

Aprender jugando y actuando

Llegó el día del estreno y la obra fue un éxito. Aparecieron primero Adán y Eva charlando y jugando con los animalitos. De pronto Eva se alejó y se fue hacia un hermoso árbol que estaba en el centro del atrio y del que colgaba una gran manzana roja. Cuando estaba viendo la fruta apareció entre las ramas la cabeza de un anciano que se había colocado unos cuer-

nos en la frente. El tronco del árbol tapaba el cuerpo del hombre y sólo se veía la cabeza y uno de sus brazos cubierto por una larga manga de tela pintada de verde y café, rellena de lana. En verdad parecía el largo cuerpo de una serpiente. El anciano le dijo a la muchacha en náhuatl que tomara la manzana, que la comiera y se la diera también a Adán.

Cuando ambos hubieron probado el fruto prohibido se oyó una voz que salía de entre las ramas y les reclamaba su mala acción. Ellos se ocultaron detrás de unas ramas, pues según la *Biblia,* les dio vergüenza darse cuenta de que estaban desnudos. En ese momento, en la puerta de la iglesia apareció un actor vestido de arcángel con una espada de papel que tenía llamas pintadas y persiguió a los jóvenes expulsándolos por la entrada del atrio que daba a la calle. Después el arcángel se dirigió a la serpiente y la obligó a desaparecer detrás del árbol.

Cuando terminó la representación, Juan se acercó a Carlos para felicitarlo por su actuación.

—¿Sabes? De esta obra lo único que nunca me ha gustado es el final —le dijo Carlos.

—¿Por qué? —preguntó Juan asombrado.

—Porque nuestros antepasados veneraban a la serpiente, símbolo de

nuestro señor Quetzalcóatl, serpiente emplumada, y gran benefactor de los hombres. Él nos regaló el maíz, y con sus vientos trae las nubes que riegan nuestros campos. En la obra el dios de nuestros antepasados aparece como demonio y eso es una mentira.

Juan estaba con la boca abierta. Los frailes les habían enseñado que los dioses antiguos eran demonios y por eso debían destruirlos. Que esos diablos pedían a los indios sacrificios humanos y que eso estaba mal. Pero ahora su amigo le decía que sus antepasados también creían en dioses bondadosos que ayudaban a los hombres.

Meditaba en estos pensamientos cuando el fraile prior, el superior del convento, se acercó a los jóvenes y se dirigió a Carlos diciendo en náhuatl:

—Señor don Carlos Ometochtli, los hermanos de San Francisco vamos a abrir en Tlatelolco un gran colegio de artes bajo la protección de la Santa Cruz y del apóstol Santiago. Se nos ha pedido que mandemos a él a nuestros alumnos más destacados y más nobles. Vuestra merced, hermano del gobernador de Tezcoco y estudiante muy adelantado, es sin duda el indicado para ir en representación de este convento.

Carlos contestó, algo turbado:

—Padre, haré lo que vuestra merced me ordene. ¿Cuándo debo marchar?

—Tan pronto como sea posible —replicó el religioso—. El colegio

será inaugurado el día de Reyes por el obispo fray Juan de Zumárraga que, como sabe vuestra merced, es un fraile de nuestra orden, y por su excelencia el virrey don Antonio de Mendoza. Ellos han pedido que los alumnos lleguen ahí una semana antes.

Cuando el fraile se hubo retirado, Juan se quedó viendo a su amigo. "¿Una semana antes?", las palabras del fraile repicaban en sus oídos. Era el último día del año de 1535, faltaba justo una semana para el día de Reyes. Carlos debía partir al día siguiente. Al muchacho se le hizo un nudo en la garganta y sintió que las lágrimas inundaban sus ojos. Su mejor amigo se iba, quizá por mucho tiempo.

Una triste separación

Carlos sentía lo mismo; un peso le oprimía el corazón. Abrazó a su amigo y le prometió que cuando regresara a Tezcoco y fuera gobernador, lo llevaría a vivir con él a su palacio.

Al día siguiente Juan acompañó a Carlos hasta la orilla del lago y desde el embarcadero vio cómo se alejaba la canoa que se lo llevaba a México y lo separaba de él. Estuvo ahí, en la orilla, mucho tiempo después de que la canoa, convertida en un puntito diminuto, desapareció finalmente de su vista. Y

ahí, subido en una barca anclada en la arena, pensaba en su amigo y soñaba con las aventuras en tierras *remotas* que ambos habían planeado.

Pasaron algunos meses y Juan terminó sus estudios en el convento de los franciscanos de Tezcoco, pero no se fue de él. Como era el hijo menor del señor de Huexutla, y tenía varios hermanos mayores, parecía muy difícil que llegara algún día a ser gobernador de su pueblo. Así, como otros muchos muchachos de la nobleza india, Juan se quedó al servicio del convento para ayudar a los frailes en su labor de cristianizar a los indios.

Como era muy inteligente y hablaba muy bien el castellano, los religiosos pensaron que podía serles de gran ayuda como acompañante e *intérprete* en sus largos viajes misionales por el territorio de Nueva España.

Y así, en una mañana de primavera del año 1537, Juan Cuauhtli salió por primera vez de Tezcoco rumbo a la Ciudad de México, acompañando a fray Juan de los Ángeles. La travesía por el

Para apoyar su labor de cristianización, los frailes elaboraron y publicaron diccionarios, gramáticas, doctrinas cristianas y catecismos en las lenguas indias más importantes. Los frailes elaboraron estos libros con el apoyo de equipos multidisciplinarios de colaboradores indios, educados por los frailes en sus colegios y conventos.

Entre ellos podemos mencionar el *Vocabulario en lengua castellana y mexicana* (1555, 1571) de fray Alonso Molina o el *Vocabulario en lengua de Mechuacan* (1559) de fray Maturino Gilberti.

lago le pareció una experiencia fascinante. Los diferentes tonos de las aguas, los patos y las garzas que volaban y las canoas llenas de comida y objetos que iban hacia México le llenaban el corazón de una alegría singular. Cuando salieron de Tezcoco estaba amaneciendo, y mientras miraba el horizonte clarear pensaba que quizá se encontraría con su amigo Carlos, al que hacía un año no veía. El sol ya iluminaba todo el lago cuando llegaron a la ciudad. Juan estaba asombrado por el *bullicio* y la cantidad de gente que había. Le sorprendieron las grandes casas de los españoles que parecían *fortalezas* y las numerosas calles que eran canales de agua. Entraron por uno de ellos y después de un rato llegaron hasta los muros del convento grande de San Francisco.

Desembarcaron. Un fraile los recibió y los llevó a uno de los patios que tenía el convento donde estaba la escuela de San José de los *Naturales*. Ahí vieron a fray Pedro de Gante, rodeado de muchachos a quienes les estaba enseñando algunos rezos. Cuando terminó se acercó a los recién llegados y les habló en náhuatl.

—Bienvenidos, nuestros queridos hijos de Tezcoco.

El fraile y el muchacho regresaron el saludo en la misma lengua, y fray Pedro encargó a un niño que le mostrara a Juan la iglesia y los *claustros,* mientras él hablaba con el padre Ángeles.

Una misión que cumplir

El niño llevó a Juan al patio principal del convento; le enseñó el pozo de
agua, las cocinas, las despensas, el comedor y la iglesia techada de madera. Juan le hizo al niño varias preguntas sobre los frailes y sobre la
ciudad, y cuando le iba a preguntar si estaba muy lejos de ahí el Colegio
de Santiago Tlatelolco, vio a fray Juan de los Ángeles acercarse a ellos y
tuvo que callar.

El religioso miró al muchacho a los ojos y le dijo:

—Juan Cuauhtli, fray Pedro me ha encargado una difícil misión en las tierras que están más allá de Cholula, cerca de nuestro convento de Tepeaca, y ha mandado que me acompañes. Saldremos mañana al amanecer.

A Juan la noticia le causó sensaciones contradictorias. Se frustraba su visita a Tlatelolco para ver a su amigo Carlos y eso le disgustaba. Pero le atraía mucho la idea de viajar a tierras lejanas, de conocer otros paisajes, otros pueblos y otra gente. Esa noche no pudo dormir pensando en el viaje que iniciaría al día siguiente. Y cuando sonaron las campanas de la iglesia que llamaban a los frailes para las oraciones del amanecer, el espíritu aventurero de Juan estaba ya ansioso por comenzar a andar los caminos.

Después de desayunar chocolate y pan, Juan recibió de un fraile un morral con agua, tortillas, frijoles, chiles, queso y carne seca para comer por el camino, y al poco tiempo salía con el padre Ángeles y con otros religiosos hacia el embarcadero donde habían llegado el día anterior.

Atravesaron los canales de la ciudad, pero ahora salieron con dirección al Sur. El agua del lago en esas zonas era color turquesa y había muchas barcas de pescadores. A la izquierda se veían los dos volcanes nevados y en ambas orillas del lago había muchos pueblos rodeados de árboles.

Después de comer llegaron a Xochimilco y ahí pasaron la tarde. Ese día había sido muy tranquilo y Juan pensó que era muy cómodo viajar así. Sin

embargo los días siguientes ya no fueron tan agradables. Caminaban entre ocho y diez horas a pleno sol, y sólo se detenían para comer y descansar un rato. Atravesaron bosques de pinos, subieron los altos montes que rodean los volcanes, pasaron entre ellos y bajaron a los fértiles valles que están del otro lado. Por las noches dormían en los conventos franciscanos que estaban a lo largo del camino: Tlalmanalco, Cholula, Cuauhtinchan. En ellos se abastecían de comida y agua para la siguiente jornada del viaje. Finalmente, después de cuatro días de caminata, llegaron al anochecer al convento de Tepeaca.

Al día siguiente Juan se enteró de los planes que tenían los franciscanos para él. Desde Tepeaca los frailes administraban la religión a un pequeño poblado llamado Quechólac, del que dependían una gran cantidad de aldeas dispersas. Por esta causa, cristianizar a esas gentes era muy difícil y muchos todavía seguían venerando a sus antiguos dioses. Para acabar con esto era necesario concentrar a toda esa gente en un gran pueblo, en Quechólac, y construir en él una iglesia y un convento para que los indios tuvieran más cerca a los frailes y éstos pudieran enseñarles y controlarlos mejor. Existía además otro problema: la mayoría de los pobladores de esa región no hablaban náhuatl sino popoloca y había que aprender su lengua para facilitar el trabajo. Para esta empresa habían sido enviados fray Juan de los Ángeles y Juan Cuauhtli.

Durante los dos años que siguieron a su llegada a Tepeaca, Juan realizó un trabajo arduo y agotador. Desde ayudar a los frailes a trazar el nuevo pueblo, hacer calles, repartir terrenos para las casas y sembrar árboles frutales en la huerta, hasta construir una iglesia, un convento y un pozo o aljibe para recolectar el agua de la lluvia. Mientras tanto, Juan aprendió el popoloca, y muy pronto pudo servir a los frailes como intérprete en los sermones y en la enseñanza del catecismo.

Por fin se concluyó el pueblo de Quechólac, con su iglesia y su convento. Pero el trabajo no había terminado aún. Los frailes requerían continuamente de la ayuda de Juan para celebrar bautizos y matrimonios, pues, aunque el padre Ángeles ya hablaba el popoloca bastante bien, el otro fraile del convento no lo había logrado aprender y necesitaba para todo el auxilio del muchacho. Juan se dedicaba además a pintar los carteles para la enseñanza de la doctrina, tocaba la flauta y enseñaba a otros indios a hacerlo para acompañar las misas de los domingos. También ayudaba a los niños a memorizar el catecismo y las oraciones. Él y los dos frailes que habitaban en el convento terminaban exhaustos al final de cada día. Una vez al año, el día de Santa María Magdalena, patrona del pueblo, la alegría de la

fiesta traía a su ánimo cansado momentos de diversión. Por lo general estaba desanimado. Éstas no eran las aventuras que él esperaba ni el viaje que tanto había deseado.

El pasado rompe la rutina

Los días pasaban uno tras otro, todos iguales, *monótonos*. Hasta que un día sucedió un hecho sorprendente para todos. Un domingo por la ma-

ñana, después del catecismo y de la misa, se acercaron al padre Ángeles dos muchachos para enseñarle unos *ídolos* que habían encontrado debajo de la cruz del atrio. El fraile hizo un gesto de desagrado y llamó a Juan para que lo acompañara a hacer unas averiguaciones en el pueblo.

—Anoche vi entrar al atrio a un perro negro que traía en el hocico unos muñecos y los enterró cerca de la cruz —dijo una vecina—. Después se marchó por el camino de Tepeaca. Es un nahualli, padre, un nahualli.

Después de contar lo ocurrido se persignó llorosa.

El padre Ángeles la consoló, se sonrió comprensivo para sus adentros y siguió sus *pesquisas* en otras casas. A Juan el relato lo dejó muy impresionado. Él ya había oído hablar de esos nahualli, hechiceros que tenían el poder de convertirse en animales y que por las noches atacaban a la gente en los caminos. Pero nunca había sabido de ninguno que estuviera tan cerca de él. Así, lleno de curiosidad, se fue a la mañana siguiente por el camino de Tepeaca a ver qué averiguaba.

Caminó una hora sin encontrar a nadie hasta que por fin vio a una muchacha sentada bajo un árbol a la orilla del camino.

—Buenos días —dijo animoso.

—Buenos días —contestó ella.

—¿Vives cerca de aquí?

—Sí, en Acatzingo. ¿Y tú?

Juan se le quedó mirando. Era una linda joven de ojos y pelo muy negros y de cuerpo esbelto, que tendría la misma edad que él.

—¿Y tú? —repitió ella.

—¿Yo? Vivo con los padres franciscanos en el convento de Quechólac —contestó Juan, turbado ante la forma directa que tenía la joven para hablar, cosa poco común entre las mujeres indígenas.

Se hizo un silencio y por fin Juan se decidió a preguntar directamente lo que le inquietaba.

—¿Has visto pasar por este camino a un gran perro negro?

La joven bajó la mirada y en su rostro se dibujó el miedo.

—¿Lo has visto? —insistió Juan.

—No, yo no —contestó ella—. Dicen que es un nahualli, un hechicero que vive en una cueva en el monte.

—¿Y sabes dónde está esa cueva? —dijo impaciente el joven.

—Sí —respondió con timidez la muchacha.

—Llévame hasta allá —insistió Juan—, y no temas, yo te defenderé si algo sucede. —Y le sonrió amistosamente. Ante tal actitud ella no pudo negarse.

Caminaron media hora internándose en el bosque y llegaron a un claro desde donde se veía la entrada de una gran gruta que estaba como a veinte pasos. La muchacha no quiso seguir, temblaba y pidió a Juan que regresaran al camino.

Juan también tenía miedo y decidió hacer lo que le pedía. Iría al pueblo y le diría al padre Ángeles lo que había sabido. Con él y con algunos indios de Quechólac vendrían a la cueva y descubrirían al nahualli.

Los dos jóvenes llegaron al camino. Juan le agradeció la ayuda a la hermosa joven y le preguntó:

—¿Cómo te llamas?

—Isabel Citlalli —respondió. Se miraron sonrientes, con mutua simpatía, y se despidieron.

Durante el camino de regreso Juan pensaba en la cueva, en el nahualli, en la aventura y a menudo también en el hermoso rostro de Isabel Citlalli, de Isabel Estrella. Por fin llegó al pueblo y encontró a fray Juan de los Ángeles en la plaza haciendo sus averiguaciones. Le contó con el aliento entrecortado lo que había sabido del nahualli-hechicero y de la gruta donde vivía. El franciscano lo escuchó con atención y después de comer organizó a un grupo de hombres para ir a la cueva y ver lo que había en ella.

Cuando llegaron al lugar, un coyote flaco comía unos desperdicios que le echaba un anciano indígena de largos cabellos blancos, vestido con una túnica que llegaba al suelo.

—Mira tu nahualli —dijo el fraile a Juan señalando al coyote. Todos soltaron una carcajada.

El anciano, al ver a los extraños, se metió apresurado en su cueva y tras él fueron el padre Ángeles y los hombres que lo acompañaban, pues querían interrogarlo. Pero como la cueva era profunda y estaba muy oscura, ninguno quiso entrar sino hasta que hicieron fuego y prendieron unas teas de ocote

para alumbrarse. Con todo, algunos estaban temerosos de que el nahualli los atacara y no quisieron entrar.

Por fin el padre Ángeles, seguido de Juan y de cuatro hombres valientes, se internaron en la oscuridad. La *caverna* era húmeda y estaba llena de murciélagos que chillaban y revoloteaban al sentir la luz de las antorchas. Caminaron cincuenta pasos y llegaron a un lugar lleno de figuras de barro, de piedra y de madera. Junto a ellas el anciano veía a los extraños con ojos de odio y desprecio.

El religioso mandó a dos hombres que prendieran al viejo hechicero mientras él y los demás juntaron los ídolos que pudieron y los sacaron. El anciano y sus imágenes fueron llevados a Quechólac, adonde llegaron cuando ya anochecía. El padre Ángeles había averiguado que mucha gente del pueblo veía al hechicero para que los curara de sus enfermedades y quiso hacer en público un sermón y castigar al anciano pues, para los españoles, tener y fabricar ídolos era un delito y un pecado muy grave.

Dos castigos dolorosos

Las campanas de la iglesia sonaron con fuerza llamando al pueblo para que se reuniera en el atrio. Fray Juan de los Ángeles mandó hacer una

gran fogata y junto a ella apiló las figuras de los antiguos dioses. Cuando toda la gente estuvo presente en la plaza comenzó con un sermón lleno de amenazas. Les dijo que el fuego del infierno ardería eternamente para aquellos que veneraban a los ídolos y llamó hijo de Satanás al anciano hechicero que estaba frente a él amarrado a un árbol. Juan nunca había visto a fray Juan tan enojado. Después del sermón el fraile mandó quebrar los ídolos y arrojarlos al fuego y ordenó que se dieran al anciano cincuenta azotes.

Juan estaba consternado. Nunca pensó que su aventura con el nahualli

terminara así. Se sentía culpable pues por su causa estaban azotando a aquel pobre hombre y durante toda la noche las pesadillas llenaron su sueño. Veía fuego y diablos y la cara del anciano que se deformaba por el dolor.

El franciscano fray Juan de Zumárraga fue el primer obispo de México, entre 1528 y 1548. Se alió con los pueblos de indios contra los abusos de los españoles. No obstante, también combatió con fuerza la religión de los indios, que era llamada "idolatría". Y así, con el cargo de inquisidor apostólico, enjuició y ejecutó a varios indios idólatras.

Pasaron los días y las cosas regresaron poco a poco a la normalidad. Juan visitaba a menudo a Isabel Citlalli en Acatzingo y pasaba con ella agradables momentos, paseando por el campo y platicando entre risas de sus ocupaciones. Un día descubrió que estaba enamorado de ella y se sintió feliz.

Cuando creía que la vida había cambiado favorablemente para él y soñaba con Isabel, una nueva sombra oscureció esa felicidad. Durante una cálida noche de verano en 1539, mientras se servía la cena en el comedor conventual, Juan escuchó que los dos frailes hablaban de una noticia que había llegado de México. Don Carlos, su viejo amigo, que era ya señor de Tezcoco y que tenía mujer e hijos, había sido hecho prisionero por orden del obispo de México, fray Juan de Zumárraga. Algunos ídolos habían sido encontrados en su casa y fue acusado de realizar ritos a los antiguos dioses.

A Juan la noticia le cayó como un balde de agua fría. Vinieron a su mente escenas del anciano hechicero azotado y de la fogata y sintió una gran tristeza

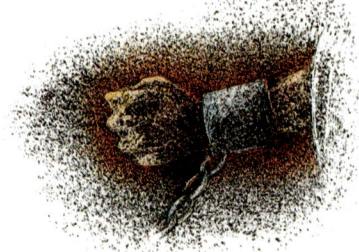

por su amigo. Cuando acabó la cena se acercó al padre Ángeles y le pidió permiso para ir a México y poder asistir al juicio que se le haría a don Carlos. El permiso le fue concedido y al día siguiente Juan salió para la capital.

El juicio fue algo terrible. Mucha gente, hasta de sus mismos parientes y amigos, no querían a don Carlos y lo acusaron injustamente de los delitos más atroces. Juan veía a su amigo acabado y triste. Por más esfuerzos y súplicas que hizo nunca lo dejaron acercarse a él para consolarlo. Lo más asombroso fue la sentencia que fray Juan de Zumárraga dictó contra el reo: don Carlos Ometochtli, indio principal de Tezcoco, sería quemado en la hoguera.

Juan lloró toda la noche y no quiso asistir a la ejecución que se llevó a cabo al día siguiente. Se encontraba desconcertado ante las cosas que había visto. Él estaba seguro de la inocencia de su amigo y no entendía por qué se le castigaba mientras muchos delitos quedaban sin juzgar y sin castigo. Por ejemplo el abuso de algunos españoles que maltrataban y explotaban a sus trabajadores indígenas; la miseria, el hambre y las enfermedades que mataban a los indios por centenares sin que se hiciera nada por remediarlo. Sin embargo también había visto muchas cosas buenas: frailes que defendían a los indios contra los abusos y les enseñaban oficios y otras cosas útiles, que construían hospitales y escuelas. Pero nunca se esperó que un fraile tan recto y bueno como fray Juan de Zumárraga decidiera algo tan terrible como quemar a un

hombre en la hoguera. Juan creía en Jesucristo y creía en su mandamiento supremo que era amar al prójimo como a uno mismo. No podía entender por qué en nombre de Jesucristo se cometía una atrocidad tan grande. Se rebelaba ante el castigo que se imponía a todos aquellos que pensaban en forma distinta. Nadie tenía derecho a matar y hacer sufrir a otro sólo porque no pensara como uno. Estaba desilusionado. Durante semanas no comió ni durmió. El recuerdo de su amigo muerto lo acompañaba todo el tiempo. Se volvió callado y retraído.

Un día, viendo a unos niños tocar una canción, recordó el teponaztli de Carlos, los juegos y paseos, los secretos entre amigos, los planes de grandes aventuras y sintió que su vida tenía que seguir. Pero ahora sería diferente.

Juan Cuauhtli decidió abandonar a los frailes, irse lejos. Regresaría a Acatzingo para casarse con Isabel y llevársela como compañera en esta nueva aventura que iba a comenzar. Se hablaba de lugares maravillosos que se encontraban al norte de la Nueva España, en las tierras de los indios nómadas. Ahí había ciudades de oro y plata. Ahí podría hacer una nueva vida con Isabel. Por fin iba a realizar lo que siempre había querido: viajar libre como un águila, como esa ave de quien llevaba el nombre. Conocería nuevas tierras y nueva gente. Ahí encontraría un mundo mejor.

CONVENTO Đ ATLATLAUHCAN

IZAMAL

MI
JIL
AN

VLA

CHOLVLA

TEPE
ACA

TEPOZ
COLVLA

CHIAPA
Đ
CORZO

Glosario

ajolote: del náhuatl *axólotl*. Animal anfibio de color oscuro, parecido a la lagartija, que vive en los lagos de Norteamérica.

atrio: espacio descubierto que antecede o rodea las iglesias antiguas, por lo común cercado por una barda de mampostería.

bullicio: ruido y alboroto que causa mucha gente.

caucho: material elástico e impermeable que se saca como jugo de árboles tropicales de varias familias.

caverna: cavidad en la tierra o en alguna roca, producida generalmente por la erosión; cueva.

claustro: conjunto de pasillos cubiertos y rodeados de arcos que encuadran el patio o jardín de un monasterio o convento.

escenografía: conjunto de materiales que crean el ambiente en el que se desarrolla una representación teatral.

fortaleza: edificio sólido, bien defendido y bien armado, con que se protege una ciudad o región.

huéhuetl: del náhuatl. Tambor prehispánico. Junto con el *teponaztli,* los indios lo siguieron utilizando después de la conquista española en sus danzas y cantares religiosos.

ídolo: así llamaban los españoles a los objetos sagrados de los indios. Su culto, considerado "idolátrico", era severamente castigado.

intérprete: el traductor que hace posible un diálogo entre personas de lenguas diferentes.

monótono: algo sin cambios ni variedad, aburrido.

natural: nativo de un lugar o región. En ocasiones, los españoles llamaban "naturales" a los indios de América.

pesquisa: averiguación, investigación.

recrear: imitar.

remoto: distante, lejano, ya sea en el tiempo o en el espacio.

teponaztli: del náhuatl. Tambor prehispánico, consistente en un tronco ahuecado, acostado, con dos lengüetas que se golpean con dos baquetas forradas de hule.

vestuario: conjunto de trajes que usan los actores de una representación teatral.

Cronología

1519-1521. Hernán Cortés y sus aliados indios toman la ciudad de México-Tenochtitlan, capital del imperio mexica. Imponen el culto a la cruz y a la virgen María.

1523-1524. Llegan los primeros frailes franciscanos a cristianizar a los indios de México. Fray Pedro de Gante funda el Colegio de Tezcoco para educar a niños indios.

1526. Llegan los primeros frailes dominicos.

1532. Llegan los primeros frailes agustinos.

1536. Los franciscanos fundan el Colegio de Santa Cruz de Tlatelolco.

1539. Vasco de Quiroga, obispo de Michoacán, funda el Colegio de San Nicolás en Pátzcuaro.

1571. Se funda el Tribunal de la Santa Inquisición de la Nueva España.

1572. Llegan los primeros sacerdotes jesuitas.